PENSAR CON LA OREJA

Primera Edición: Noviembre de 2025

© Editorial Phylira
Camino de Zagán, 9
28694 Sierra Oeste de Madrid
info@phylira.com

ISBN: 979-13-990488-5-8

Producción: Noumicon
Impreso en papel ecológico

Impreso en España. Printed in Spain

www.phylira.com
www.dharana.org

CHRISTOPHER AMADOR

PENSAR CON LA OREJA

♣

ÍNDICE

11: *Prólogo*

13: *Zumbido de f llllllllllllecha*

29: *Antihélix*

53: *Orejemas*

83: *Epílogo*

Licencia poética. Es necesidad, por defecto visual, espaciar a 1.0 el poema: hace las veces de un hormiguero. Como la oreja, es un panal donde medran abejas.

…no debe ser más alta que una flor
que sea del tamaño de una oreja.

TUDOR ARGHEZI

…las piedras tienen orejas
para comer la hora exacta.

JEAN ARP

PRÓLOGO

. Poesía es te den un hacha frente
a un piano para, en 60 cuartillas
o se sienta minutos, aporr*ear*lo
y luego armar un ángel. Al final
de tus esfuerzos ya lo único
que encuentras son los dientes,
te hacen falta alas, te hacen falta
plumas. ~~A Leteo~~ Aleteo de tus brazos,
esfuerzo del hacha, si tomaste vídeo
y lo regresas pausado comprendes:
ahí están las alas, eras tú el ángel,
el piano sombra. ¡Tirabas árboles
para encontrar el bosque! El hombre
mientras vivo nunca en pie, siempre
cayendo... Sonido, son ido (**ángel**
huidizo). ¡Note sol te haré hasta que te oprime
mi nombre, hasta bajar tu pie quebrado!
~~Acoplado, a copla dos.~~ Tantear de ciego
ir tirando objetos que ni la mano reconoce,
prender la luz y quedar más ciego (a ojos
cerrados imaginó la mano). Ya con los ojos
abiertos es más difícil imaginar, ~~tan poco~~
tampoco conoces lo que estás vi en *do*.
Si sabes qué estás haciendo cuando te metes
a la poesía no estás *a siendo*. Poesía es inaugurar,
con la lengua del pueblo ser más nuevo que nunca.
Para salir de la corriente hay que brac*ear* siempre
de lado,
para

orej**a**:

ZUMBIDO DE F
LLLLLLLLLLLLECHA

BUSTRÓFEDON

. Almas que circulan en la recta de una línea.
Venas tras los renglones, campo rojo de sol
dado (cuando arar fatiga buey empuja el carro
). ¿Cuántos saltos de venado med*irá* al final
la flecha? Encontrarlo a me
dio brinco es regresar, volver
al arco. ¡Carcaj la cabeza, ya cuerno
la flecha! Ven, hablo en venado,
venablo envenado. ***L***argar de bumerang
la *ele* en que inicié oración,
imitada perfección.
¿Mis *l*abios *ll*egan tarde
a tu ca*l*or? Empieza el amor,
en pies al amor: gruñir de *ser dos*.
Oinc, oinc.

ZUMBIDO DE F_ECH------

¿Quedose en tu o-ido
la ele de f
(l)echa?
Quedo se quedó, **sé**.
Donde estaba, donde está
……………………….....va.
Por el grillo habla lo que en
-tierra yerba, quien escribe
flores no ve primavera: leer
poetas, prender mi vela con
otra vela (el día es de nadie,
la noche es nuestra). ¡Ser poeta
y desnudar última flor, hacer otoño,
aprendizaje de pobreza! Bajo
la lluvia camina lento las lisas piedras,
cuida no crujan bajo otras plantas;
tras de tu espalda, sed en la oreja.
Escri*oír* es rendición, no está en el plan
quedar dor*mido* en uniforme
de la empresa. Yo tan libro, tú tan mano
soñolienta.

~~SI NO NI MO2~~

SINÓNIMOS

. Buscar sinónimos a tus poe+,
he ahí la hidra de Lerna: 12 trabas
que te dan *art* o trabajo. ¡Cabe, zas!
Quimera mera, *eleven* la f////////////echa:
la poesía vuela
donde decae la p
                    rosa.
Les veo hasta el culo pero no la cara,
así son las palabras. ¡Deja en la orilla
esas chanclas prestadas
                    si quieres sentir
con pies nuevos el agua! Releer es un entrar
con la cuchara de albañil **a la que un día**
fue mi caza.
                    ~~Pez era~~ Pecera tres letras,
                    un *pez* qué hace. Nada.
En tu copa vacía redondease mi alma,
nevó su rosa el hada. Helada.

. SUBÍ A LA MONTAÑA

a buscar un poema,
olvidé mi cuaderno.
Al bajar
recordé la montaña, un
pájaro adelantó
el proyecto.
No todo lo que *su ve*
a la montaña baja en el
o al poema, eres
el envase de aluminio
que cayó
por el camino. Chisporrotea.
Mantener con el r e g u s t o
de fraseada tibio el labio,
la frase sin punto no es flecha,
aún es arco. Ot*ear*. ¡Esta lluvia
en mí cae en pasado (ensancho
el idioma, en Sancho)! Cada dedo
es un martillo, ya no es*clavo*; no
teclea nombre completo de su amo.
No habrá lana que lo pare,
aquí el lobo va marchando.
Ando.

. El mar sé

a
gota. Escribir la última gota
que cayó antes de la hierba,
teclearla. Tecl*ear*. ¿Aporr*ear*
es llorar? Si a mares tú lloras
yo remos. T**ú rosas,** *yo ramos.*
Con temple un pez en la tina
de baño, olas haces con las manos.
¡Te han pescado! Pez quizá,
pesquisa. A la hora del pez *di*
suelto el poema es para ver so-
ltar, gota haciendo el agujero
que prolongue su caíd
a
Monótona.
Monotonal.

No por mirar una letra estuvoz
en verdad.

. PRENSAR COMO TRACTOR

y redactar como la b
rrrrrrrrrrrrrrrrrrrrisa,
empiezo y termino
en la misma palabra.
Seguir a quien parece
ser tu hijo o tu papá,
reconocerte en esa es-
palda. ¿Cuántas flores hacen
falta para desnudar mis manos?
La hora se mide rota, ahora
sé mi derrota (escondieron
la poesía, la cubrieron de ver
de hoja). ¡Quita un verso, algo
me tapa, deja o leer leejanas
rosas! Lenta ave, apresurada
rosa (eres ave única
y te esperan tantos árboles, es
tiran a ti sombra). Poesía,
de hoja blanca a cuartilla
pliegue arrugo de tu toga. ~~Original~~
Oreja anal
la cop**IA**.
Es-pino y a
la nube roza:
poda, _oda.

. Hay palabras que no ondulan

la saliva de un por qué,
los poetas no lo aclaran,
lo amanecen (o3
son aduladores imperfectos,
de la musa no consiguen hueso).
El sol son pasos *lee*ntos
tras las huellas
tambaleantes
de un *ven hado*,
tu oreja el agujero
de su heri*da*da. ¿Qué es poesía?
Es vaciar todo el riñón sin salpicar
en una incólume tacita. La poesía dos manos largas,
bien arrimadas, **más** vacías. Este verso ya parece
procesión de unas hormigas… De mi *p*ene a tu vagin*a*
mide hoy ya mi sonrisa, ***p***oesí***a***. Poesía de profe
profesía.

. ESCRIBIR ANSIEDAD

con un _oyo en la hoja, es por ahí
que se va ~~loca~~ lo que ya nadie borra.
Aunque te vistas de poema
el poema se parece a ti. A tiempo.
Escribiendo en el teclado jalo y bajo
unos cabellos o quizás hilos de ti Tere.
Si me quitan el teclado que me dejen
palpar árboles, escribo en mi mano en vez
de en las hojas. Envés. Verso, ver sobre
una línea de casitas en la ni *e* ve. ¡Ansiar
olerte al leerte! Cuerda cortada pudiera
volver a anudar, sé. Bajo el verso del poema
como media de vedette. Poema *en tanto es*,
poesía *de tanto es.*

. ESCRIBIR ES MAQUILLAR

a la muchacha que me va
a venir a ver ~~(a verme~~
~~venirme)~~. Hay un momento
en que tiras la vela y observas
la estrella, no estoy escribiendo un poema,
me estoy escri*viendo* un lector.
Aprender un s*o*lo **verso te** libera
de olvidar libros enteros. ¡Oh poema,
perro huyendo de su ciego! Mi mal
a o*c*tografía empañó el espejo.

. SER LECTOR ES UN CORTA

arte con la brasom,
brasom, brasom, bra…
… de una espada. Mira
arte la espalda. Es pa´ hada.
Todo lo que puede ser *lee*
ido no merece ser escrito,
tu verso mida lo que la pisada
mía (al mirar media nar
anja cierro ojos y la exprimo
sin tocarla). A mar gaviota.
Poesía en palabrotas país
para idiotas.

Sesenta y nueve páginas

~~. Algo se mueve en la noche.~~
. Algo sé mueve la noche.
Frutas curvando la rama
~~sabes a seis en mi cama,~~
saben a seis dos palabras,
algo se *n*ueve en la noche
(se sienta y nueve plumas
no hacen una **pájara).**
Lectores separan tus alas,
se paran; lo que al papel
ha juntado el lápiz no lo ~~separe~~
sepa haré el nhombre. Ya
nada sobra, no hay plato sucio
en mesita de pobre.

VERSO

. Espaciar es pascar o tirar
recién cortado, algo llovido,
un oloroso carro de heno.

LLLLLLLLLLLLL

¡*L*a
*l*arga
*l*anza,
*l*igera, a*l*ta,
        *l*ejana, *l*ibre,
        *l*a *l*uz a*l*ise,
                *l*íquida
                *l*iara
                 !

DODECAFÓNICA

. Nomás no más discurso lacio rectilíneo,
rizó más la p0e51a: rizomatopoesía. Crecer
a los lados, cree ser. Soy el cruce trans*versal*
entre el rizoma y el fractal, ~~rosa de dos aromas~~
rosa dedos aromas. _rosa de Times New Roman.

Antihélix

MAÑANEMA

. Butacas en un teatro los renglones del poema.
Carcaj*ear* es entenderse con la Oreja, ~~a ser~~ hacer
jardine*ría* fonética. El verso rama ma*lea*ble, mal
le hable: sal a los pies si no bailas, tropiézate
con gracia. Leer es ~~burlar~~ borrar autores, sa*v*emos
qué es Poesía al reconocer su ausencia (versión
antes de ella *el poema*). ¡Tose el humo antes del *fue
ego*!
Sed poeta es un ve verse, oi sentir lo que se pensará
maña
na. Pensar con la o--------------------------------------

---------------------reja, gesto que hacen cuando gi-
ran los
planetas.

Mucho ruido y pocas eses

. Ciertas obras son a veces la res
puesta a una no escrita, filósofos
buscan *verdad*, escritores la en
cuentan. Poesía es pensar la Lengua.
Se escribe con la vida si lee
muere la poemía, es el óxido
en las armas
lo que limpia
a sangre tibia.
¿Lector es quien busca
a dos manos sus ojos en caras des
conocidas?

O-DIOS-O

. El poeta es un pequeño *Dior*,
haced la flor es sed
en el *pop*ema. ¡El *pop*eta
es un pequeño don!
Don quejota de la mancha
en la ~~cuartilla~~ camisa,
por contar estrellas no soltar la
brida.

Otra tierra baldía

. Poesía, letra va al día o
lee tras va el día. Poemía,
gusto *con* o *ser*te, suerte.
D ario mano firme
en el timón *queme* a tormenta
la cuartilla; no he borrado mi delito
por sacar de ti cuchillo, somos
huellas de una
                    mismaarena, grasa con
                    que diera el *sí* una tuerc
                    a (sola noche, sol a
                    estrella). Par de dados son tus ojos
                    que en mí frenan.

TARTA MUDA

. La lluvia no existe,
me existe. No llueve,
me llueve. Si yo veo
el *yo* vio (él, con lluvia
en la é), *yo vi a* al revés
es *ai voy*. Poesía: conste
helado desierto, carruaje
de las cortes sanas. En su
Parkinson Zurita, invierno
íntimo el cuaderno, ya no
escribe, escccccccarcha. *Su*
sede que me Pablo de ser
nombre. Ataca mapuche.

Sacapuntas

. Pellizco piel dormida
                                    dando vuel
tas a mi lápiz, erizada
carbón cita: en *viruta*
vi ruta. Mar que quiero breve
busco lago (esto
lo es *tú ve* leyendo maña
na). Al leer esta o
ración ya somos dios
en un a brazo, dos sé.
Mide el lápiz por su pppunta,
del renglón esclusa. Rota
ndo lápiz, torcer el mundo.
Rima, musa inconclusa.

LIHNAJE

. No doy palabra sin filo,
puntada con signo, puta hada.
¡Enriquece, Enrique ese!
Y/o no puedo reiterar, soy
irregular de paso, un desam
*Parra*do. Porque escribí
me las vi negras ("la tiesa os
cura"). Musa quilla de los pobres
poetas, mi poesía vino a aplaudir
interrumpiendo partitura.

Dejar la caza

. La poesía es un camino,
el poema un lugar, quiere l
legar. Viene de don *de*.
Oh *pop*sía, tercer pulmón,
entrar en trato con un aire
que ~~entre el humo uno~~ se gana.
La poesía es mi casa, ~~lago~~
la hago tabla a tablabla.

MOUSE O LEO

. Escribir es ir cargando
un poco a cuestas
como Eneas los huesos rotos
de tus padres, peso muerto
Jorge *c*uesta. Quien quiera *azul*
celeste no se acueste ni se ahuerte,
vaya y lea al *nica*ragüense. Sí, él o
~~cielo~~ Bécquer. *Be queer*. Parra qué
tanto Rubén estando el cielo tan ~~nublado~~
no habla hado, el menso y el "ha
rimado" a las tres rimas piensan.
¿Genio y figura hasta la reescritura?
Hecho el beso se acabó la labia,
hay mala poesía que a correctores
resucita. Hacha que busca filo perdido,
en su peso muerto despierta muslo
de codorniz.

EVAPORACIÓN

. *Aman es ser* un tulipán
donde escri*v*imos la ventana.
Tumba pájaros tu ojo, tumba:
muerto de amor me derrumba.
Donde Eva pone el Ojo cae la
fruta. ¿Dónde en pieza mi mano,
dónde a cava la tú ya? Paz haré
por tu piel desnuda,
te haré lo que el sol a los tulipanes.
Me formaste en el magisterio
de la amistad más limpia, tus *ve esos*
son preguntas, te pienso a lo largo
de toda mi piel; si te busco te encuentro
*l*etrás de mis ojos. Pedir que no te ame
es escribir de abajo a arriba *catarata*,
Eva extra vi hada en jardines de a
brazos. Al leer riegas el campo, inclinar
nuestra cabeza es vaciar ajeno jarro.

Quien escribe es clavo. Esclavo.

TRABAJAR LA TECLA

. Una ventana salvó la tarde, *ven tan a* mis brazos.
Baja haré la luna para ti, te haré el amor mientras
a brasas un ~~manzano~~ *man* sano. Morderé tu quija-
da,
diré las palabras más ocultas
de mi corazón rendido, sosegado. Esta piel ~~semen~~
se me levanta por buscarte una caricia, Aliciiiiiiiia.
Tengo tu *no hombre* en los labios
para iluminar la larga no-
cheeeeeeeeeeeeeeeeeeeeeee,
en tus ojos en los míos se resumen las palabras
de los grandes.
Sin ti ya mi piel comunica otro idioma,
cubre mis huesos
un hule de llanta.
Entristece la noche escuchar s*o*lo un
coche.

~~Un desierto~~ *Hunde cierto* harás del bosque, a ras del
bosque.
Su sede que me canso de ser nombre, su sed de.

Borra, dura

. Fiebre del espíritu, llamado de mi carne,
dulce vocación sé hembrar un no hombre.
Y/o te amo con poesía y quiero darte
nuevos nohombres; brusco en el aire
un nombre capaz de demoler ciudad, es.
Me borras con tu amor la reescritura
de otra carne, alguien sihembra antorchas
en los poros de mi piel de tan pens
arte (donde antes sólo noche, don
de antes sol o noche). ¡La piel se me quiere
zafar de los huesos por ir a buscaaaaaaaaaa
arte (donde andes soy la noche, sola no
che)! Luna cree, siente.

. LEE VAN TAN TU NOMBRE,

se caen nueve aves.
Cierro los _ j_s y salgo en los ~~tú-yos~~ tuyos.
Abre los OjOs, descansa en los míos.
La mente en la almohada y el cuerpo en la amada,
cásate conmigo en cada ~~rosa~~ cosa que me hagas.
Cuando me miras estoy lloviendo, estoy yo
viendo. Vi o no te vi, esa hez la cuestión.
Verte dormir con *mi ira da* hacia adentro, paz
ciencia de estatua. Eres un árbol en medio del mar,
me enseñaste a buscar mi latido en tus venas;
oír tu nombre es respirar*me*. Tu sol
a presencia en mi vida una serenata, labios
de ~~cereza~~ ser esa adivinando la mordid_.
Dúrame hoy par a siempre en un beso, sol
edad reverdecida. Alzan tus brazos hectáreas,
de ver dura. Donde otros ven un cuerpo
veo la sombra de algún d*yos*,
la huella de su paso por el mundo.
Flor es ser en cada cosa que la vida ponga en
frente. Siempre me estás abrazando por dentro,
si soy un *voz que* tú el incendio.
Nos pase la vida, sandalias de Dios,
por encima. Hasta que los huesos truenen.
El paso de tu vida por los labios (
recorrer este renglón es) mi son, risa.

NUDO DE SIERPES

. A las lenguas, a las muy víboras
las vi voraz, *nud* o de si herpes,
labio inflama hado. No quiero
una voz, quiero un vos, un habla:
víbora mi piel es/cama. ¡Senos
va la vida entre(n) los de dos!
Las muelas mías, al decir poesía,
algo tienen de P*arte*nón. A ruinas.

~~Y LO~~ HILO QUE SIGUE--------

----------------La mejor manera
de *yo*er un *l*eerso es ----------
oponer su redactura de red-----
actor. *Meme*jorarlo, un mejor--
-**ármelo** dis*Creta*mente----------
y lo de ariadnA. Ariadna--------
al revés anda ira, anda ir A------

Y lo desnudo: hay nudo en las--
letras que hacen m*undo*----------
~~El ver sobre el futuro~~El verso del futuro
es el que no escribe aún su punto

QOEMA

. 100pre voy sumahado a ti,
el sobrepeso que levanta
tu sandalia. Rapto súbito palabra.
La pala abre mínima unidad
de su problema, se resuelve
al convertir a late eral
lo literal (cuidar no imitar de-
-limitar). Al escribir
de izquierda a derecha vamos
de lógica a intuici**ón,** razón arrastrada
por la emoción. En lo que siendo me
borro, pie titubeante en un río
presuroso. Piel, prisa de alguien
que es yo si lo toco, partir un *ver*
*so*noramente salomónico.

Rosa

. Vela acribillada de alfil eres. Vela, dora. Como una pregunta ur*gente*, pasada de mano en mano, quema en ajenas ceras. No está por venir, está por *hacer a*. Rostro al mar[,]gen de la foto. En este campo de la ritmía, quien era genio, ~~oí~~ hoy a lo mucho es un chistoso. Ja-je-ji-jo-ju, la prosa ~~sabe~~ ya ve más que tú. Llave, ya ave.- ~~Yahvé.~~ Flor es par siéndose…

Palabra, abanico escondiendo la cara. No abriéndose, abriéndose.

TWEET

. Me piden como a gallina huevo un gran verso blanco,
alguien cree que con una *Bic* te ponché la yema.
Si supieran que no te he visto siquiera clara.
Que no te he visto, que no te visto, acaso desnudo
tu dura cáscara. Si ellos supieran que mi hoja en blanco
es omelet de perfectas claras: mi cresta o mi plumaje
una gallina paginada. Si ellos supieran ser la gallina,
cacaraquear una nota nueva. Mi oficio es verte volar bajito,
comer gusanos mientras recojo plumas caídas.
Sólo yo sé que te piso, te despiojo en el corral de un diccionario
de bolsillo. Para mí nunca un huevo de oro.
Sólo lo das al gallito galante, al que llega puntual,
con maíz en la mano, a ese pico de lápiz
conque vacías mis ojos. Acurrúcate en este mole,
entra a mi olla; desplúmate de adjetivos,
poncha tu yema. Seamos *a huevo,* al calor de la noche,
cocido po ema.

Madre, poesía

. Mi padre golpeó con sus ojos azules tu cara.
Ya me buscabas.
Tus labios molidos se hicieron a él
como sed de borracho a la charca.
Cien besos después… yo te pateaba.
Pujaste apretando la mano de Dios,
la encontraste vacía, a Él en mí crucificabas.
Palpabas un cactus leyendo poemenosmas,
yo en ti me buscaba.
Busco tu rostro en palabras de ayer
y descubro que eres como un diccionario,
como un esqueleto
a la piel de mi voz literaria.
Madre, primera palabra,
primera y última pedrada.
Con esas piedras que hacen tu nombre
tiro panales, ahuyento perros que ya no ladran.
Por *Noé ve* meses me tallereaste,
soy los borrones de aquella frase
que comenzaste en ajenas camas.
Soy el gemido que tuvo nombre,
mi boca y labios son tu vagina (tropiezo
a diario por los renglones, caigo y me duele,
busco tu mano, estiro los brazos, pero
eres alta). Eres imposible de salvar en el lenguaje,
igual mi almami.

. SÉ ERRARTE LIBRO COMO CERRANDO

ojos de hijo que no ha comido,
sentir vergüenza al llano tener
ni una pizca que da arte.
Buscar tonada que suena arriba
y acá no baja. Recupera ajeno patio
donde alguna vez la casa, manera
más digna de retomar la infancia.
Pera que es…pera en la Lengua
no dobla el sabor ni la rama.

IACTUS

~~. De escribir lee a un niño si ego el mun do con pa-labras que con no sé.~~
. Describirle a un niño ciego el mundo con palabras
que conoce. ¡Tanto
para ~~tan poco~~ tampoco! Poesía, en manos santiguas
reiniciar tus p**echos**,
una lengua no Eva: rayo delgado del *aman*
es ser. Pasamos la cuartilla y te
ponemos de costado, curva última
del aire. ¡Bórrame lluvia mentiras
que obstina a paraguas la tarde!
En un lugar de la **mancha**, de cuyo mole no quiero
acodarme.

EL CONTRA~~-AC~~TO SOCIAL

. Enchufado por la carga de su móvil
o en la calle con sus *AirPods*, a *donde*
quiera que yo leo ~~miro~~ mido al hombre
conectado. El hembre nace libre pero
en todes las dos está en amor a 2. En
cadena
de.

Doble fila

>>>>>>>>>>>>>>>>>>>>>>>>>>
. Llenan mi ~~hoja~~ ojo hileras de letras,
son los colmillos de un tiburón.>>>>
>>>>>>>>>>>>><<<<<<<<<<<<<
La cantidad de sus piezas den tales,<
son las palabras de un pescador.>>>
<<<<<<<<<<<<<<<<<<<<<<<<<<

Orejemas

. La palabra en la poesía

es una patita en el estanque,
se ~~mida~~ mira tranquila per o
bajo el agua
no cesa de patal*ear*. Reí Lear,
hab*leemos*. Te saqué mis ojos
par-a que los mira haces, lee
entes de cont a acto.

. ENVÉS DE OJEAR ESCUCHA

amos, sigue dictado r
rrrrrrrrrrrrrrrrrrrrrrrrrr**á**pido.
Río que nunca *acá ve*
de pasar, a veces **río**
el ~~a veces diario~~ abecedario.
Responder en un bolsillo
la pregunta de tu mano,
nuestra mano es lo que nunca
antes tocamos. Estoqueamos
esto que amo, lluvia lenta
en polvo apenas levantado.

. En mis orejas Rubén da

riostras a mate erial que arrimo.
Más que la madera carpintero
es la maniera, masque nada.
Tambor y leo, tamborileo.
De doce en dos los dedos, de donde
vienen ven, *go*. Tan tanteado
tango negro.

El coloquio de los perros

O-reja río o laberinto.
Cuando casi al fin acá va,
          gira y vuelve
a comenzar, con
torno. Elllllllllllllllllllllllll
verso pasea, la prosa pasa:
uno escucha, la otra oye.
. Mientas tanto en mi can
sancio es cucha, siempre
ocurre más allá, aun caiga
en mí como la lluvia. A*u*n
sin acento.

PRESENTIMIENTO

. Oropel oro pelea, oropel lea.
Huidiza forma de pez en ti miento,
oro opacado por Paco Quevedo.
Rado que ve dorado al dar la oración.
        ¿Hado
nde vamos a par ar *lee en tos* seg**ún** 2?
Alturas de Macho Picho, hay que bajarle
de orografías a ~~no está~~ nuestra co-
razón nada.

Dermografía

. Bajo su falda ya se deshoja
un librito abierto. Relee
y no piel de frase insistente
gracias al dedo que lo separa.
Para. Baj**ó** su
falda, a hora es cuader*mo*. Al
arde haremos.

Corrección poliédrica

¡Cuántas *palomassssssssssssssssssssssssssssssssssssssssssssss*
van a la loma
en esa palabra!
Vana. Asusta
~~hadas.~~ Had***e***s.
Gaviotas, labiotas,
la vi otra s}}}}}}}}}}}}}}}}}}}}}}}}}}}}}}}}
. Mis palomas picotean el *gran no* que le s _echo…..

. Por mis huellas calla

hará la arena, la lectura
es un *de ver ser*. Re*mar*
donde ~~lago~~ la hago, re
mar aguantando sol
                              edad. Hoja seca
                                                            e.
E*flor*escencia.

. El verso es aforismo

aún inmaduro. Ya no es
trofa, es trufa (se lee hace t
arde. La poesía mediodía,
me dio día, me oía). Vendrá
la muerte y tendrá tus piojos,
prosa es poesía con menos-
-precio. **¡Se**d puede! Y margina
un mundo mejor. ¿En qué solapa
de vi/trina abandonamos nuestra
flor?

. CUADRÓ LÍNEA RECTA,

al mirarla vio lado, me
di con ella cual melopea.
Me dista. Ansié.
Si bese el trigo ondula
lo en tu labio, mira arar
lo largo. Ya acentuará la **ú**,
lluvia o cuervo precipitado,
atip*lado*. Lector ensaya saludo ajeno
en tu propia mano.

ÉL VOZ QUE EN UNA NUEZ

. Es…tiré la oreja:
la lluvia adentro, el alma fuera.
En arrugas de una almohada
los esfuerzos numerosos
de plan charla.

. No hay dos versos que mejor

en tus labios, a
rimarlos a los míos son mejor
hables. Pensar es sé
parar dos frases (y ambos,
yambos), sol o tu voz des
hace bruma. Poema, ca*s*a de citas
con ese y con zeta. De da más.

A TI VEÍAS, A TI VE Y HAZ

. Poeta es tener la bien
corta, **húsar** daga. Uno corre
la oración muy a caballo,
casi del largo de su ver ga
Lope (roza de en cuatro
empinas). Este ver
so es una rosa que se ofrece
horizontal tan llama
tiva. Y ama, a ti va, va
riaciones de un *meme* tema.
~~Eyacularse, ella cul*ear*se…~~
Ojo en la ~~cerradura~~ será duda,
¿qué pala bras visten? Palabra,
nervioso manojo de llaves.

. Gritar

dentro de otra boca,
destapar oídos: **pájaro**
que cuelga de un ala
nombre.
Las palabras luces del mundo,
su decorado luce de noche. Quien
mira comas sin haber comido mira
camarones,,,,,,,,,,,,,,,,,, coma.

AI Q

. Innúmera hor*miga* se
para en la luz,
llanto que a *tabla da* metro saúz.
Casi loro, no usa alas:
avestruz. ¡A, e, i, o, u! Cinco notas
en que lloras tú.

Paseriforme

. Hoja enhoja repetida
no hará *ala* mover rama,
has cortado hasta
el césped. *Vuelos rápidos*
y cortos no verás oro brillar
en oropéndola. Rap pido (pase,
rime, forme). Poesía dehesa
en tu ver dura, nadie que corra en el bosque
ha contado las ra+
Tiza inútil la chupada.

Trampa de O_sos

. Sos quien hablando de bosque
palabra a palabra le tala, letal *a*.
Con los labios del barroco **río** remo
to, sigue elevando brazos,
sed en desierto árbol. Tu nombre inicia
a ser mi mano; te agarro cigarro,
el más largo. Me amargo.

METRÓNOMO

. Palmot*ear* de moribundo
que pretende marca el ritmo
a los que suben, bajan, suben
(en las lanzas) sus entrañas:
rata viva que pasea
            entre sus colmillos
la paciencia de una gata.
Cual renglón sin escritura
rata blanca en *que eso* trampa
no hace caca. De tinta hago río,
poesía en ella nada. De nada.

ENTABLAR CON VERSACIÓN

. Condenado abriendo zanja
que le da exacta medida,
estrecharse en cada versobre
un no mi ismo. Sus tablas,
comediante, *le impiden caminar*.
De la escena de *cursi vas*
y **negritas** ser cimiento, ser si
miento. Di-versificar. Sancho
es un cua*dermo* para notas del Quijote,
su diario caminar.

ÚLTIMA CAPA DE LA SÉ VOY A

. La palabra es una ola
desafiando idea de límite
u orilla, vuelve lo que de
cla mar olvida. Rimar, re-
mar, hacer en lo claro espuma.
Ah, ser la flor es sed
en el poema, oler a huerta
la cuartilla plena. Es la frase
pie con prisa
          en pierna corta,
                    es-co-lo-pen-dra.

. CAE DE SÚBITO ESE VERSO

cual centavo que ha colmado,
oh limosnero, tu tacita.
Torpe sueno en el bolsillo
las monedas indecisas.

No entra rana en agua turbia.

Derretida a la Derrida

. Bajar
de las
cumbres
la nieve
que a*sol*a
la t*arde* (
~~mi flor de~~
~~pende de la~~
~~mierda que~~
~~su falda, muy~~
~~debajo, ha~~
~~escondido~~),
abonamos
una deuda
que heredó
con cruz y
espada
el enemigo.
Morí, iré
alejándrome
del idioma, ya
mi nombre
lagrimea en
su cada letra.
~~**¡Alejan trinos!**~~
Poesía, mujer
muriéndose en
mi oído. ¿Quién
que cruce el trigo
no camina erguido?

Mi media o medí a naranja

Mato el caballo, cepillo y dispongo la a
vena. Por gustarme nar
anja seguí tu carota fib-
rosa, un gran verso corto
largo tiempo corta otra
aorta. ¿En qué momento
transitamos de resolver
el *enigma de la esfinge*
al del esfínter? Si el poeta
es, finge. A la poesía *la vio*
leporino, vaso caído
sediento de oído.

Brisa

. No en su nombre, en tu pelo se real
iza. No la flecha, es el venado el de
la prisa: su distancia es el tamaño
de la herida (contando pétalos
quedar exhausto
a la mitad de las espinas).
Poesía ventana, poema cortina…
La gaviota va a la orilla
cuando la hago en una rima,
la gaviota bala orilla
cuando lago en la poesía.
Sigo pasando este mar
a otra orilla.

LEPROSA

. En malos versos
una lee prosa, a medio verso
no *es pino*, es rosa.
Con prosa deja arte, poesía,
a la moda. Al fin la playa
sola. Poner un acento es quizá
el mismo efecto
          que abrir una *Coca*.

Areté sin acento

. Palabras que no nos permiten
mirar el poema, *sí ego* Borges
se salió del laberinto con la oreja
(el laberinto era otra o
reja): *q* en poesía es *p* de Paz dando
minúsculo, a lo lejos, ya la
Vuelta. Limpio en la orehoja mi pluma,
hambre de grulla en la arena. Poema,
playa sin huella, alcoba de mi madre
muerta (oración es la extensión de mi
correa). ¿Qué de línea hay en un verso
cuando es fija su carrera, Zenón de Elea?

EXTINCIÓN

. Escribir el poema ~~*Vaquita marina*~~
sin que aparezca a todo lo largo,
ancho y profundo, de un mar de no
tas. Duna: escritura e**ólica, si** lee
eeeeeeeeeeeeeeeeeeeeeeeeeeeeencio.
Pocas arpas son el llanto diagonal de
un dios en fuga…

…FIERA Y DESIGUAL BATALLA

—Bien parece —respondió don Quijote— que no estás cursado en esto de las aventuras: ellos son gigantes; y si tienes miedo quítate de ahí, y ponte en oración en el espacio que yo voy a entrar con ellos en fiera y desigual batalla.

MIGUEL DE CERVANTES SAAVEDRA

Versura el gozo de los despiertos.
Diferenciar poesía de la prosa
es separar pedúnculo, cáliz, corola.
¡No me lo di gas, dame tu nombre!
M*atar* el tiempo, hacer tiempo (ah,
ser tiempo). ~~Silencio, elocuencia del~~
~~tiempo~~. El teatro es palabras para obras,
palobras, el copio del verbo. Poe sí *a*,
cuando ríes confunde el **pájaro** su vuelo.

Nunca *a* más.

EPÍLOGO

Loca al entrar en camisa de fuerza, escribir empujarme de izquierda a derecha en un cuarto muy blanco, motel pagado para matarse, puñal sonoro al bajar la tecla. He de ubicar en su rima las cosas, avanzo con cal sobre el verbo ~~podr~~ido que escriben las moscas, cal y grafía. Es puma en la hoja que afeita el cerebro, poesía ya letras como copos resistiendo p*rima*vera. El acero pierde filo en el bambú cuando el guerrero, por la herida de un *extra a*ño, pierde sangreeeeeee. Gestos de cama en la geisha arrojar al océano la sed del poema de él poema.

Editado en la Montaña de los Ángeles

Equinoccio de Otoño 2025

∴

Los beneficios editoriales de esta obra van destinados a la Fundación Dharana y sus proyectos

www.dharana.org

www.ingramcontent.com/pod-product-compliance
Lightning Source LLC
LaVergne TN
LVHW101929220826
846093LV00009B/399

* 9 7 9 1 3 9 9 0 4 8 8 5 8 *